※本書に収録した試合写真は、本文の内容とは直接関係ありません。

天心語録

TENSHIN NASUKAWA
COLLECTION OF FAMOUS QUOTES

那須川天心

kraken LABO

なんとかなるさ。

CATEGORY
座右の銘

これは僕の座右の銘ですね。生きていればなんとかなるということ。

特に実感したのはメイウェザーと試合をした時。あの時は「負けたら僕は死ぬんだろうな」って思ってたんですよ。それで、実際やられてしまったんですが、生きてたじゃないですか。生きていればなんとかなるんだなって。それからこれが僕の生き方のすべてになりました。

苦しい状況でも、生きてさえいればなんとかなる。そういうふうに思えば、心を豊かにできるし、楽な気持ちになれますよね。

信頼してる人からのひと言って魔法のように感じる。

信頼してる人には、自分を預けることができるじゃないですか。

そういう人から言われる言葉って他の人よりも大きいですし、自分は間違ってなかったんだなというのを再確認できますよね。

SNS時代になって賛否両論あることをすると誹謗中傷がたくさん来ますけど、信頼している人からの「お前は間違ってないよ」というひと言があれば、僕は気にならないですね。

弱みを見せられる人がいるって幸せだと思うんだ。

みんな弱みは人に見せたくないものです。

でも、人はひとりで生きることはできないですし、すべてを自己解決できるような人も、なかなかいないんじゃないかと思うので。

だから、自分の失敗やミスを話せて、共感しあえる仲間がいるっていうのは、幸せなことですよね。

動物と
テレパシーで
話せるように
なりたい。

CATEGORY
コミュニケーション

動物同士って、言葉はないのに会話できてるじゃないですか。それがすごくいいなと思っていて。

僕もそういうふうに話してみたいなと、いつも動物と会うたびにテレパシーをめっちゃ送ってますね。

ちなみに、通じたことはまだ1回もないです。

いまの世の中はＳＮＳ社会です。発言ひとつでそれが拡散されて良い結果になることもあるし、悪い結果になることもある。

実際に強い力を持っているので、ＳＮＳに限らず、誰かと会って話す時も言葉は大事。

ヒーローとまではいかなくても、みんな憧れの人っていますよね。誰もが言葉次第で、誰かのそういう存在になれるはずです。

言葉ひとつで
幸せになるし、
殺すこともできる。
誰もが誰かの
ヒーローだ。

何事も緊張と緩和が大切。

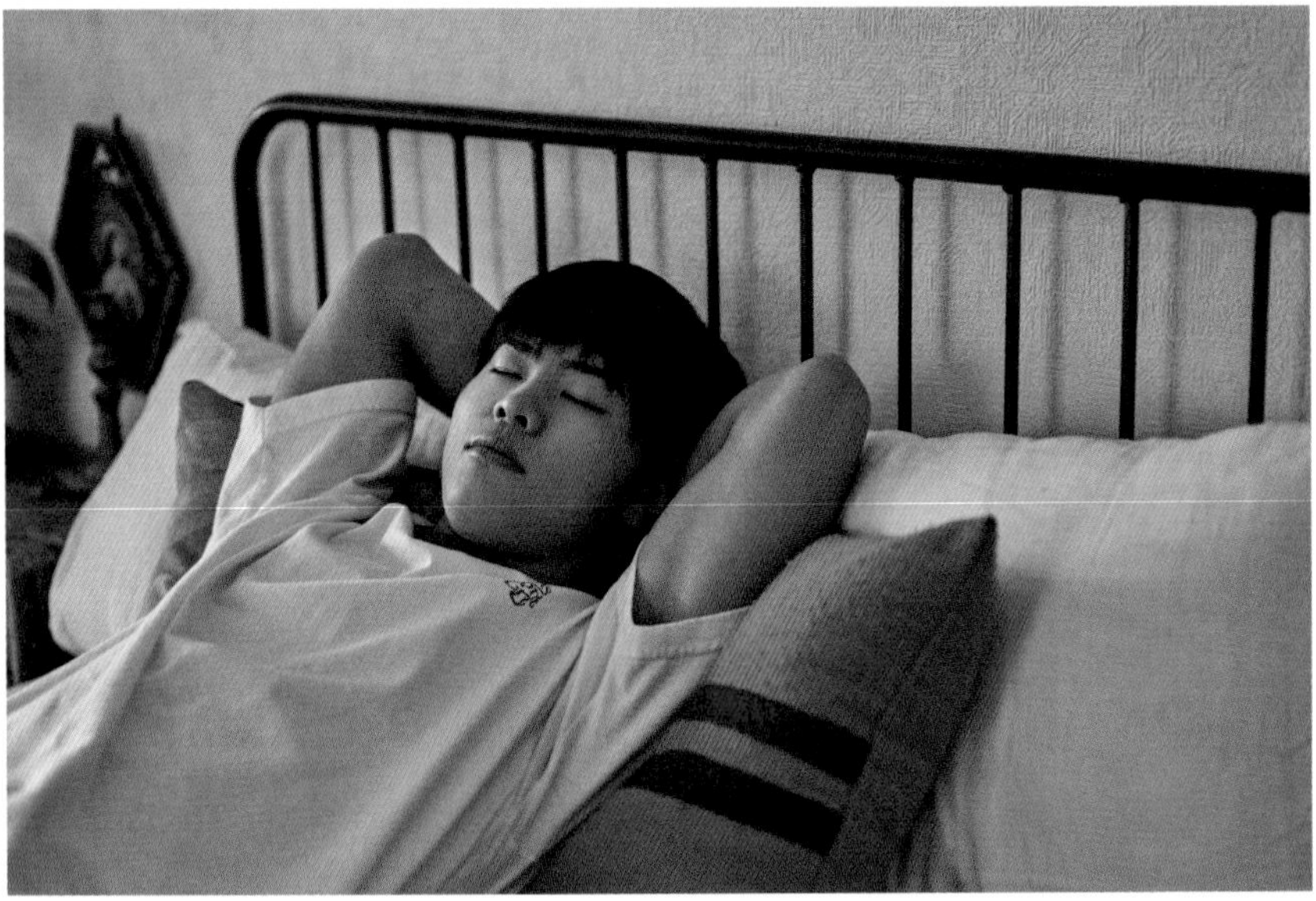

常に極度に集中してずっとスイッチを入れっぱなしというのは良くないから、オンとオフはしっかりと分けたほうがいいと思います。

長時間オンのままでいられるほど、人間は強くないので。

僕も休みの日は家でゆっくりしてますし、そこは上手い具合にやってますね。やるときはやるし、やらない時は完全にやらないです。

何食っても強いやつは強いと思っていたけど、そうではなかった。

「強くなるなら食べ物に気をつかうよりも、もっと他に気にすることがあるだろう」と前は思っていました。

そうではないよって昔の自分に言ってあげたいですね。年齢を重ねるにつれて、身体づくりにおいて食べ物が一番重要なことに気づいたので。

より強くなるためにも、当たり前ですがバランスの良い食事をしています。

人って見た目だけじゃ結構わからないもんよ。

見た目で判断することも、自分自身が危険を避けたりする上で大事なことです。でも、誰かと深く関わっていくとするなら、やっぱり見た目だけでは判断できないですよね。

格闘技業界でも、誰とは言いませんが顔は怖いけど話すといい人はたくさんいますし、逆に、いい人そうに見えてこちらを上手く利用しようとしてくる人もいます。

見た目に惑わされないためには、本気でその人と向き合って内面を見ないとですね。

同じ豆苗でも
成長に
バラつきがある。

豆苗も人間も同じ部分があるというか、全く一緒の人間なんていないですから。やっぱり成長度にもそれぞれ違いはありますよ。

同じチームにいたって、同時期に入った人が自分より先に成長していくなんてことはよくあります。

それを見て悔しいなって思うかもしれないですけど、後からものすごく伸びるタイプかもしれないし、諦めるなよって思いますね。

自然のパワーは凄い。すべてちっぽけに感じる。

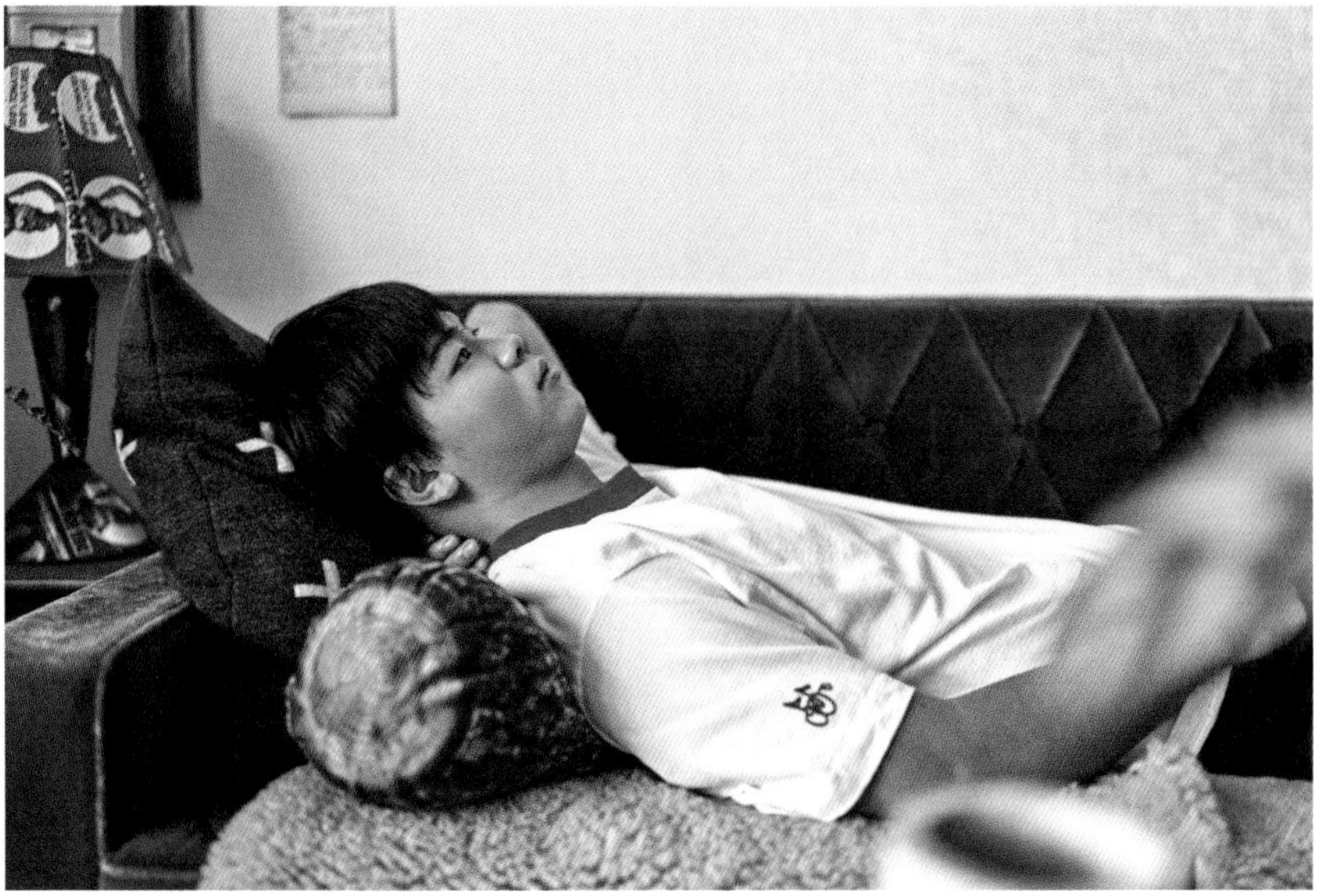

僕はけっこう自然が好きなので、いろんなところに行きます。

自然からパワーをもらえるし、それに比べて自分はまだまだちっぽけだなとか、もっと頑張らないととか、気づきをもらえますね。

おすすめスポットのひとつは熊本県の押戸石の丘。岩があって大自然という感じなんですが、行けばわかるのでぜひ行ってみてください。

Bee CARGO WORKS
http://www.bee-cargo-works.co.jp

メイウェザーにパンチは当たりそうだなと思った。

本当にボクシングルールでも勝てると思ってたんですけど、まあ若かったですよ。若気の至り。

会見で「パンチは当たりそうだなと思った」って言ったんですけど、自分をふるい立たせるために言ってましたね。まわりがどう思っていようが、当てる気で戦わないとダメなので。無理そうなことでも、やっぱり自分で言葉にするというのは強いですよね。

もちろん、過去に戻ってもう1回やれと言われてもやります。

ChampAuto
チャンプオート
PONOS
Bee CARGO WORKS
INSIGHT
reversal

試合前から相手の優位に立つ。

これはメイウェザー戦で学んだことですね。客観的にも僕のほうが圧倒的に不利な状況だったとは思うんですけど、そういう状態でも蹴りに対して億単位の罰金を設定したり、蹴るふりも禁止したり、試合に関して細かくこだわってきたので。

試合前にバンテージを巻き直しさせられたのは頭に来ましたけど、いま考えるとそれも冷静さを失わせるための彼の戦略だったのかなと。相手の優位に立つことを、本当に徹底してるなと思いましたね。

メイウェザー戦は終わってみて良いことしかなかった。

やって良かった、悪かったも、それを判断できるのは自分しかいないので。そもそもメイウェザーと戦った人が世界でも限られてますよね。滅多にできない経験をできているので、人生楽しくて良かったなと。

世間を巻き込んでというか、やっぱり自分がどれだけできるのかっていうのを試したかったんですよね。

それを無理だろとか、いまでもいろいろ言う人はいるんですけど、何も気にならないし、逆に挑戦できるのにしないほうが怖いと僕は思います。

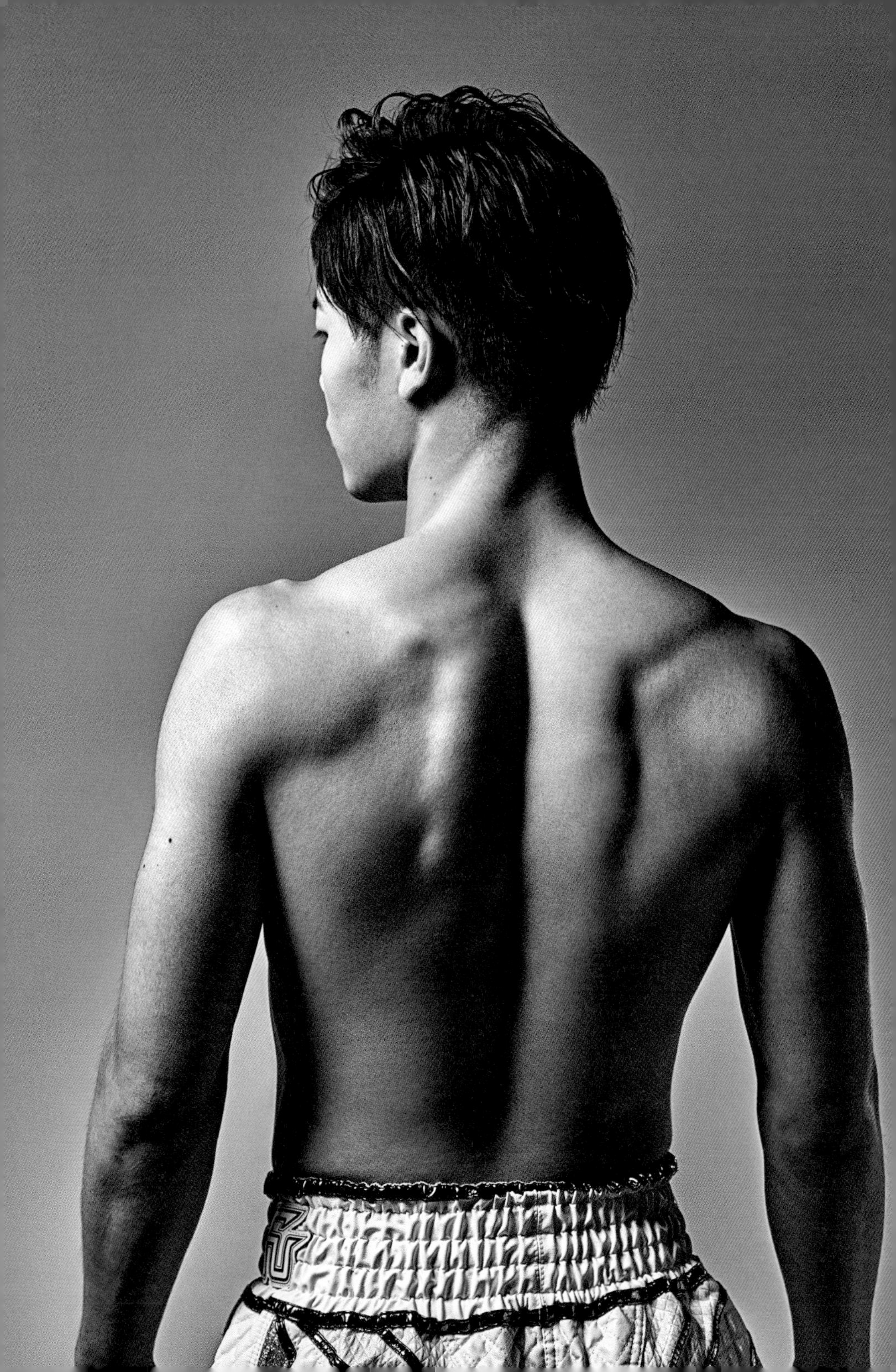

風の時代だ。急がなきゃ遅れる。

時代にはやっぱり遅れたらいけないですし、2020年12月が200年くらい続いた土の時代から風の時代に変わる瞬間だったらしいんですよね。占星術などによると。

時代の変わり目に立ち会えたことがまず嬉しかったし、それに乗らないとなと。

風だからイメージとしてはスピードだったり変化だったり。行動のスピードや柔軟性が求められる時代なのかなと僕は解釈しています。

vs ロッタン・ジットムアンノン

時代の最先端に
行くのは遅いので、
時代を
創ろうと思う。

vs ロッタン・ジットムアンノン

常になんですけど、オリジナルってやっぱりカッコいいじゃないですか。すべての時代において流行はありますが、それを自分で創っていける人たちが一番強いな、と。

いま、RISEはもちろん他団体も含めてキックが日本でまた盛り上がって来てますけど、やっぱりRIZINで地上波ゴールデンで流れる機会ができたのが大きい。

もともとRIZINはMMAの団体なので基本はキックはやらないって言ってましたけど、それでも自分が面白い試合をして実績を残せばいけるんじゃないかという希望だけでやってきて、それが実現しましたから。

いまのキックの盛り上がりの一角を、自分が創ってきたというのは自信をもって言えますね。

夢を諦めるのが大人なら子供のままでいい。

vs ロッタン・ジットムアンノン

みんなそれぞれ夢を持っているけど、挫折して諦めて妥協して大人になる、みたいなことが多いと思うんです。

それが大人になるということなんだったら、僕はむしろ子供のままでいいですね。

誰かの意見を気にして諦めるなら、その夢に対してはそこまでだったんだなと思うしかないですよ。

夢を本当に
持つなら、
夢を追う覚悟を
持たないと。

vs ロッタン・ジットムアンノン

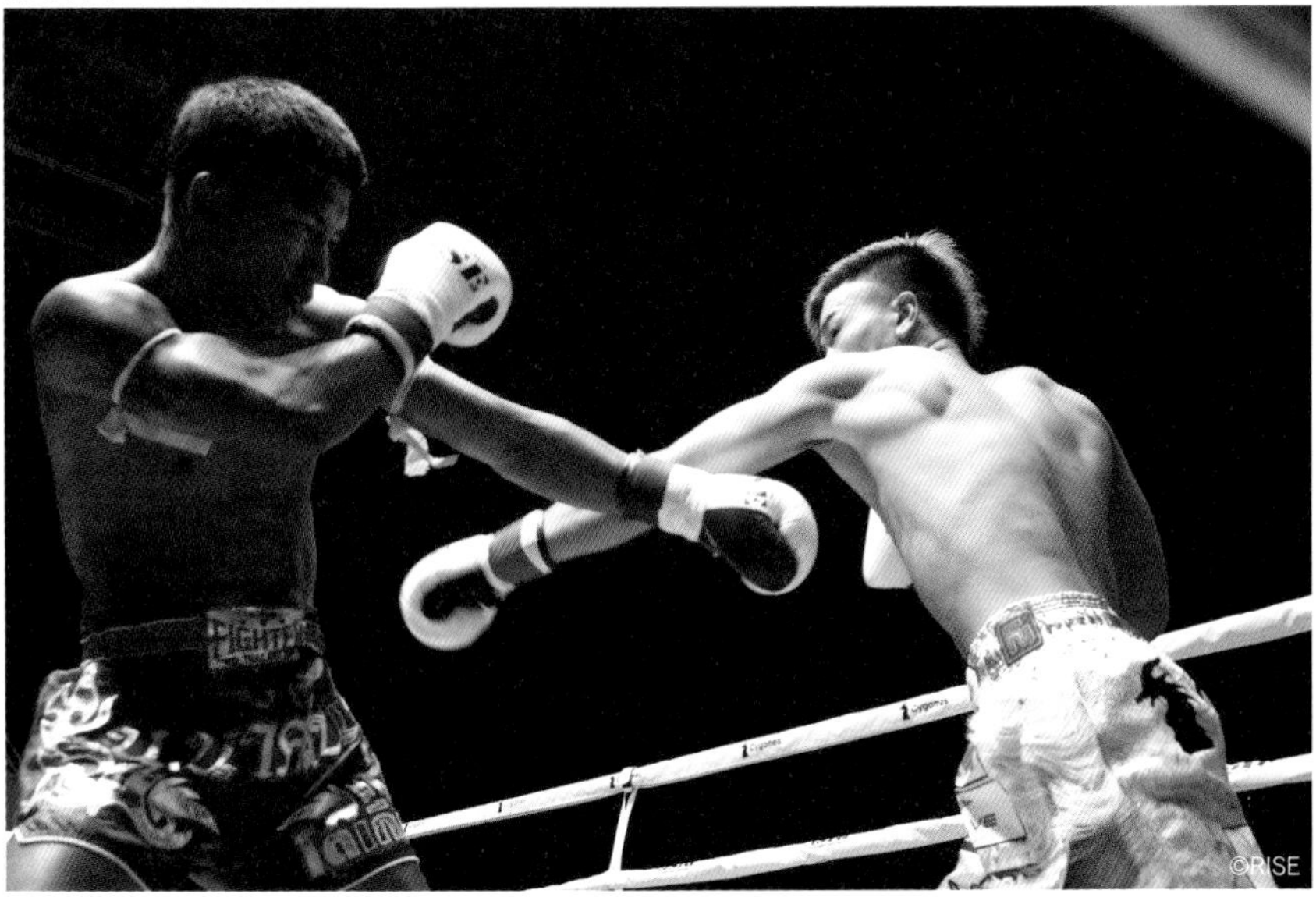

「夢は何とかです」とか、軽く言っても別にいいんですけど、本気で思わないとその夢や目標もついてこないと思うんですよね。そもそもその夢にも失礼だと思いますし。

やっぱり言霊ってありますから、本気のやつには夢も人もついてくるんだろうなって。人それぞれだけど、僕は覚悟をもってやってますね。

夢も目標も
どんどん
クリアしていけば
夢じゃなくなる。

vs ロッタン・ジットムアンノン

夢に、これは夢だというイメージを持つと叶わないと思うんで。それよりも目標をいっぱいつくったほうがいいのかなと思います。

目標の数もハードルの高い低いも人それぞれですけど、コツコツとクリアしていって、クリアしたら新たな目標をまた設定していく。

そうすると、結果的に夢も達成しやすくなるんじゃないですかね。

あいつは頑張って
いるからという
理由で評価される
世界は嫌だな。

vs ロッタン・ジットムアンノン

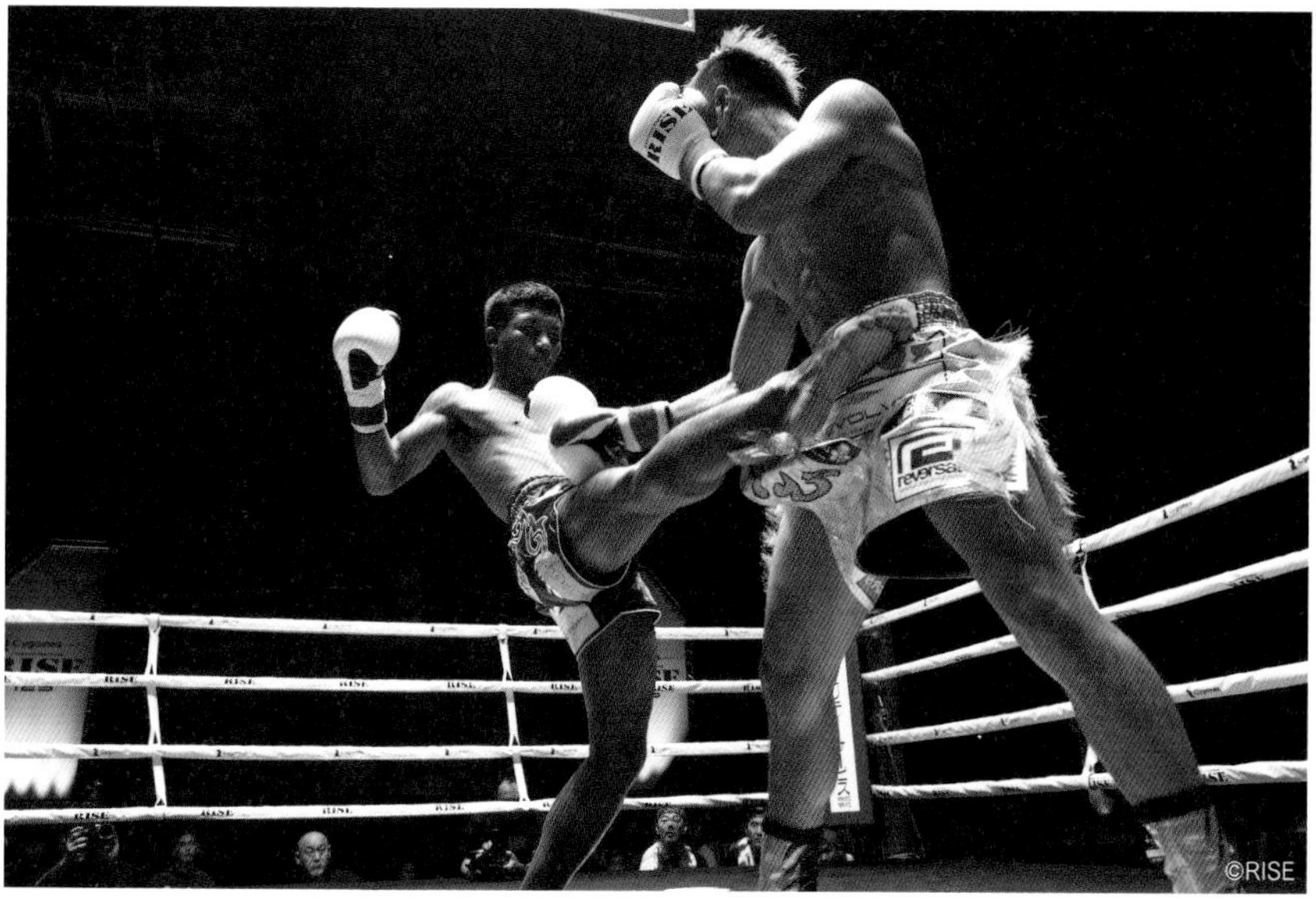

頑張ってるからすごいよねとか、頑張ってるからお前はよくやったよとか、そういう感じで言われるのが僕は好きじゃなくて。

格闘技は強さを競う以上、絶対的に実力主義。もちろん、頑張ることは無意味ではないですけど、そこを評価してしまうと本質を見失ってしまうのかなと。頑張ったかどうかで評価される世界では、僕は生きたくないなと思いますね。

頑張ったから評価されるのではなく、結果を出してから頑張りが評価される世界であってほしいですね。

何か
言われたとしても、
マイナスのオーラを
取り込みたくない。

vs ロッタン・ジットムアンノン

何事にも否定的な人はいますから。否定はつまりマイナスじゃないですか。「これどう思う?」って聞いて「私はこう思う」は良いと思いますけど、「ダメだろ」「できないよ」みたいな助言はマイナスでしかないので、そういうのを取り入れたくないんですね。

マイナスのオーラの人とつるむとそれも伝染すると思うし、だったら面白いことをいつも考えている人と一緒にいたいですね。

人が決めたものを、人が超えられないわけがない。

vs ロッタン・ジットムアンノン

何かをしようとすると「できないよ」と言われることがよくありますけど、それってその人が決めてるだけのことですよね。

例えば、日本人は100m走で9秒台は無理だってずっと言われてたじゃないですか。

でも、ひとりが9秒台を出したら他の選手も次々に9秒台を出した。そういうことだと思います。

©RISE

vs 内藤大樹

これはもちろん、それぞれが自分中心っていう意味なんですけど。自分中心じゃないかもしれないですけど、そう思って生きないと、他人に左右される人生になってしまうんじゃないかなと。

別にマンガの主人公みたいな人じゃなくても、それを支える人だって、視点を変えればヒーローで中心じゃないですか。

そういうふうに生きたほうが、自信もつきやすいですよね。

この世界は自分中心で
まわってるんだぜ。
そう思えないと
生きていけないよな。

ストレスって
なんだろう？

vs 内藤大樹

©RISE

僕は本当に「ストレス溜まるわー」とか言っている人が不思議なんですよ。

例えば、上の立場の人に理不尽なことを言われてストレスだっていう人は多いと思うんですけど、そういう人なんだって思いながら逆らわずに付き合っていけば何のストレスにもならないし、その理不尽さを面白がる余裕も出るというか。

僕の場合は「まあ戦ったら勝てるしな」というのがあるので特殊かもしれないですが。

大人になりすぎるな。

vs 内藤大樹

少年心を忘れないというか、大人になったらこれはできないとか、そういうのは良くないですよね。

大人になることも多少は大事かもしれないですけど、そこまで必要ないんじゃないかなと。

幼稚園の頃とかは本気であれになりたい、これになりたいって言っていたのに、大人になると誰も言わなくなる。僕はそれを、年齢的には大人でも言い続けられる人でありたいです。みんなにガキと言われても。

vs 内藤大樹

自分も間違える時はあるし、人間だからしょうがないよねって思うっていうのもあるんですけど。

もっと言えば、自分は人間じゃないと思えば、何でも許せるという意味でもあります。

宇宙人目線で人間だからしょうがないよねって思うと、楽になりますよ。

人間だから
しょうがないよね、
と思うこと。
そう思えば
すべて腑に落ちる。

挑戦は人生を楽しくさせてくれる。

vs 内藤大樹

人生を豊かにするなら、挑戦しろと僕は思いますけどね。日々の少しのことでいいから、とにかくやってみる。大きなことじゃなくても挑戦は挑戦じゃないですか。

例えば、学校や会社だったらいままでしゃべったことがなかった人に話しかけてみるとか、いつもと違う道を歩いてみるとか。それだって1個の挑戦じゃないですか。それを積み重ねていくことによって、自分にも変化が起きて楽しくなってくるので。

いまの生活がつまらないと思っている人には、日々の挑戦で刺激を取り入れてみてほしいです。

希望しかないよ。

vs フェデリコ・ローマ

これはコロナ禍で「いま何を見てる？」って質問に答えたんですよね。

起きてしまったことは仕方がないですし受け止めないといけないと思うんですけど、過去を見てるっていうのはちょっと違うというか。

やっぱり未来に希望を持つしかないんですよ。最後まで希望を持つっていうのは何においても大事で、それによって結果も変わってきますから。

大逆転だって、希望を捨てなかったから起きることですよね。だから僕は、希望しか見てないです。

こういった状況が収まった時、真っ先に動き出せる人が時代を変えていく。

vs フェデリコ・ローマ

これまでの歴史でもありますけど、時代を変えた人ってやっぱり真っ先に動いた人なので。

ずっと変化を待ち続けるんじゃなくて、自分が動く。

コロナ禍が長く続いていて、いつ世界で本当に収まるのかはわからないですけど、それに関係なく、真っ先に動き出す人でいたいですね。

ないんだったら、
ねだるのではなく
獲りに行け。

vs フェデリコ・ローマ

何かのせいにしたり、誰かを羨ましがったりとか、あるじゃないですか絶対。でも、それだったら自分で掴み取れるように行動したほうがいいですよね。

やるやつは誰に言われなくてもやってるし、やらないやつはやらない。獲りに行く努力をしないと、それは獲れないよねと思います。

僕の人生は面白いか面白くないか、それだけ。

vs フェデリコ・ローマ

生きていく上での選択を、僕は面白いか面白くないかだけで決めてます。

ワクワクするかどうかとか、まわりができないって言っていることをやるとか。それが一番大事です。

MMAに挑戦した時も「寝技やられたらどうするんだ」とか散々言われましたけど、そんなの関係ないですからね。

vs フェデリコ・ローマ

©RISE

ボクシングへの転向を発表しましたが、キックでプロデビューした時は「15、16歳のクソガキが」とかずっと言われてて、もともと僕は最初から挑戦者だったんですよ。

「絶対勝てない」とかもめちゃくちゃ言われて。そういうみんなが思っている常識を変えていくのが好きだし、そっちのほうが楽しい。

人生1回しかないので僕は挑戦し続けるし、昔からそう言い続けてます。

下の立場から強い
チャンピオンたちを
倒していく。
こっちのほうが
生きていて面白い。

格闘技というものに
自分をすべて賭け、
最大限自分を
奮い立たせる。

vs スアキム・PKセンチャイムエタイジム

©RISE

何も生まれないんですよ、自分をすべて賭けないと。お客さんも応援してくれる人たちも、すべてを賭けてない選手にはノれないじゃないですか。

例え失敗したとしても、その過程にまわりが感動してくれることもある。

保険をかけて「やらない」と言うよりも、やって失敗したという事実があるほうが、僕は面白いと思いますね。

また変えたけど
また変える。

vs スアキム・PKセンチャイムエタイジム

これは髪の色についての発言でしたけど、僕は同じものって良くないと思うんですよ。

格闘技の技術でも、自分の軸は大事ですけど、やっぱり変化し続けないといけないので。

自分自身は変わらないけど、技とかは時代に合わせて変えていかないと強くなれないですから。例えばカーフキックが流行ったら、それにディフェンス含めて対応していくということですね。

vs スアキム・PKセンチャイムエタイジム

格闘技も他のジャンルと同様に流行りがあるんですよ。

そういうのを覚えたり学んだりすることはもちろん必要なんですけど、だからといってスタイルを全部変えるのは安易ですよね。

プラスになるならそれも取り入れるけど、俺はここにこだわりがあるとか、ここは曲げないとか、そういう選手のほうが強い。

全部に流されるんじゃなくて、変化しながらもブレない自分の芯を持つことが大事だと僕は思います。

変化していく
ことは必要。
こだわりを持つこと、
曲げないことは
もっと必要。

那須川天心という
ジャンルとして戦う。

vs スアキム・PKセンチャイムエタイジム

歴史を創っていく人って、みんなジャンルになってますよね。

でも、ジャンルになったような人に対しても僕は完全にすごいとは認められなくて、むしろ悔しくなります。

格闘家の那須川天心というのももちろんありますけど、肩書不要で那須川天心という存在だけで勝負したいという気持ちはずっとありますね。

本当に強い人なら喧嘩はしない。

vs スアキム・PKセンチャイムエタイジム

喧嘩をするのって、たぶん自分が強いっていうのをまわりに見せたいだけだと思うんですよ。

それが本当の強さかといったら違うじゃないですか。

もちろん、昔は喧嘩してたっていう格闘家は多いかもしれないですけど、もうしないのは本当の強さではないと気づいたからですよね。

僕はなるべくなら人を殴りたくない。

vs スアキム・PKセンチャイムエタイジム

©RISE

もともとどちらかというと臆病なほうですし平和主義なんで、できれば人は殴りたくないですね。

試合に関しては、殴らないとやっていけない競技なので割り切ってますけど。

人を殴るのが好きで格闘技をやっている人もいるのかもしれないですが、プロは基本的にはそんな人はいないと思いますよ。

過去の自分を瞬殺する自信がある。

vs 志朗（1）

2年くらい前の自分だったら余裕で瞬殺できる自信はずっとありますね。だから、直前のものは別としても、過去の僕の映像を見ても、対戦相手はあまり参考にならないと思います。

もともと、あの頃は良かったみたいな過去の栄光を話すのは、僕は好きじゃないんですよ。過去じゃなくて今を生きていたいので。

そのためには、フィジカルも技も常に進化し続けないといけないなと思っています。

どうすれば強くなるのか？毎日それを考えて生きてきた。

vs 志朗（1）

基本的に、僕は同じ日を繰り返したくないんですよ。

だから、昨日より強くなるためには今日何をしたらいいのかなというのを、ずっと考えて生きてますね。

強さにはどん欲ですし、強さに限界はないですから。

自分でオリジナルを創るやつが最後は強い。

vs 志朗（1）

何かを真似ることは簡単なんですけど、それを変えていって自己流というか、初代というか、それを創り上げている人はすごいですから。

むしろそれをやっていかないと、いざという時にメッキが剥がれちゃうんじゃないかなと思います。僕は何かを創っていくのが楽しいので、ずっと意識してますね。

試合を観てもらえれば、誰もやらない動きをしているので、それがわかってもらえると思います。

想像力がないと
強くなれない。

vs 志朗（1）

ただ与えられたもの、教えられたものだけをやっていても、特に意味はないと僕は思っています。どうなりたいかをイメージして、そこに向けて未来の自分を創っていかないと、誰かの想像の範囲内の選手になってしまいますよね。

相手の想像を超えていくのは試合でも大事で、意識してない場所を攻撃できれば、簡単に効かせることができる。

格闘技に限らず、自分だったらこうやるなとイメージしたり、みんなが考えていないようなことをやろうとしたり。日常生活でもそれは意識してますね。

格闘技だけ強くてもいけない。

vs 笠原友希

強い人が何を考えているだろうっていうのはみんな気になっているはずなので、やっぱり格闘家ももっと発信していったほうがいいと思いますし、僕がもっとメディアに出たいと思うのもそれが大きいですね。

強いだけだったら、もちろんコアファンは「すげえ」となりますけど、なかなか一般に広がっていかないと思うんで。強いのは大前提。それプラスなにかエンターテインメント性がないとダメだなと思います。

「格闘家だけど、
格闘技でメシ
食ってないよね」と
感じる選手が多い。

vs 笠原友希

格闘技をやってはいても、実力で勝負していない人もいるので、そこは間違えてはいけないなと思います。

格闘家なんだから、試合で勝って盛り上げて、生きていくべきですよ。

それプラス、メディアに出るなどして間口を広げていくというのももちろん大事ですけど、そっちがメインになってはダメだなと。強いのが当たり前でないと良くないですね。

格闘技は数学なようで国語な気がする。

vs 笠原友希

格闘技って分析すれば勝てるってわけでもないし、応用をしないといけないんですよ。パンチが強ければ勝てるわけでもないし、これができれば勝てるよっていうのがないので。

国語は複数の答えがあるというか、解釈が何通りもありますよね。だから答えの導き方も多い。

格闘技はデータ派よりも国語ができる人のほうが強いんじゃないかなと、僕は思いますね。

一般的な意味での「努力」が報われるということは、ほぼないと思ってますね、僕は。誰もが何かに頼りたいというか、報われればいいなと思って日々生活していきたいのかもしれないですけど。

逆に言えば、報われなかったらそれは努力じゃない。報われるまでの努力が辛いと感じる人は、努力を楽しむ的なところまで行ってしまった人には勝てないですよね。

例えば、僕のいまのスケジュールだと、芸能活動もして、YouTubeもして、撮影もして、もちろん練習もして、昔と比べて大変そうだねとよく言われるんですけど、大変だと全く思ってないんで。それが普通だし、毎日刺激があって楽しいです。

みんな努力は報われると思いたいんじゃないかな。

vs 笠原友希

好きにやると好きにやれるのは違うと思う。

vs 笠原友希

俺は自由だから好きにやるって言っても、そこには実力が伴ってないといけないし、それがないと説得力もないから実質的に好きにやるのは難しい。

好きにやれるっていうのは、結局はその人が自分でそういう状況を創ったということ。だから、自由って意外と不自由だと僕は思うんですよ。

それを履き違えて俺も好きにやるって言うのは、まわりも「えっ」てなるし、考えたほうが良いですよね。

コツコツ続けられるのもセンス。

vs 裕樹

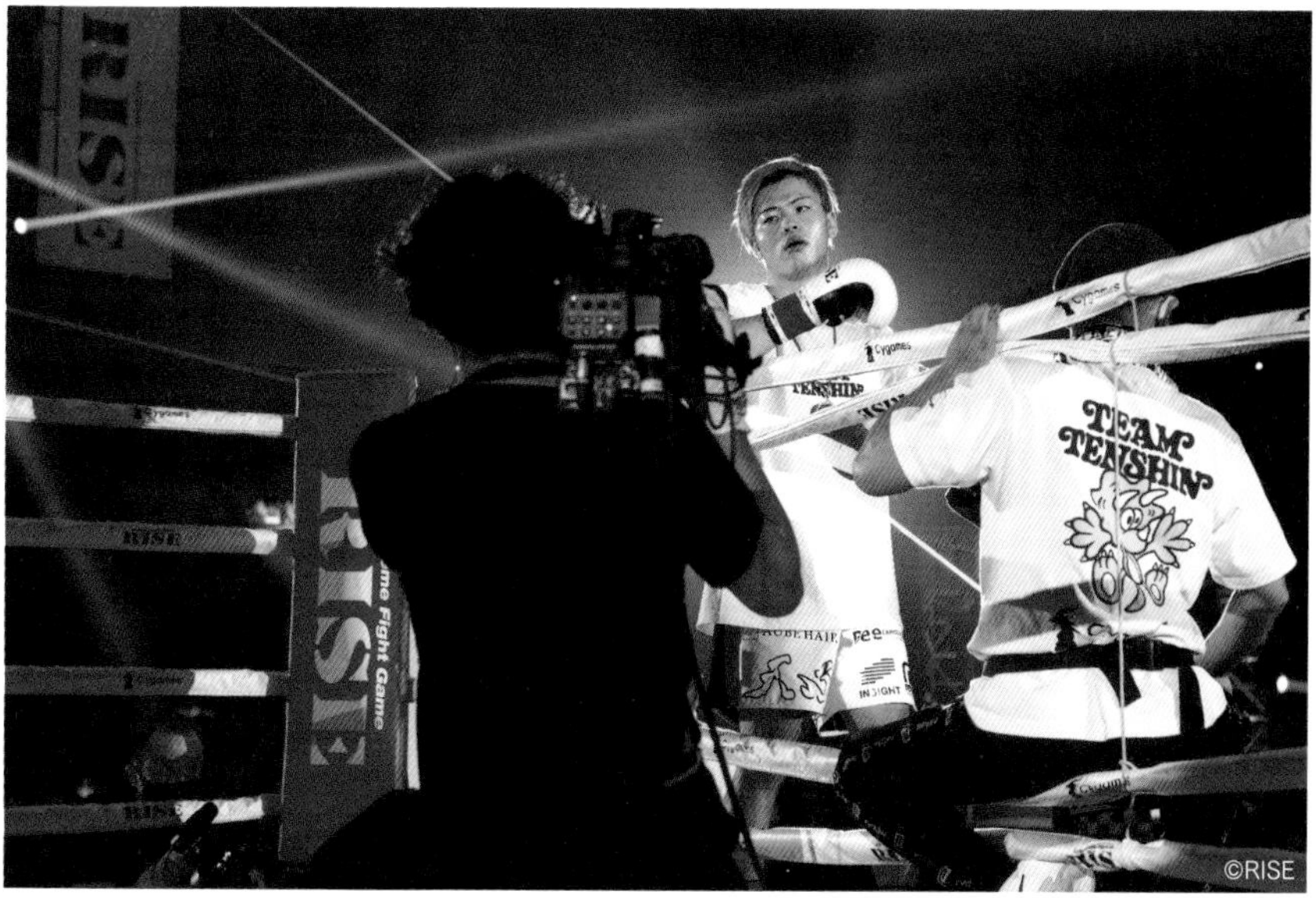

格闘技に限らないですが、やっぱり続けられない人のほうが圧倒的に多いんですよ。

アマチュア時代に一緒の大会に出ていた同世代の子たちも、すでに格闘技を辞めてしまった人がたくさんいますから。

だから、それができるだけでも才能だと思うし、センスがいると思いますね。本気でやるって決めた人しかできないのかもしれないです。

猗《あ》窩《か》座《ざ》にはハイキックが入ると思った。戦いたい。

vs 裕樹

©RISE

これは『鬼滅の刃』ですけど、マンガでもアニメでも映画でも、格闘系のシーンでは僕だったらこうするなっていうのを常に考えます。猗窩座の場合は片方ガードが下がっているので、そこはガラ空きだなと。

マンガ・アニメのキャラだと『はじめの一歩』の鷹村はなかなか勝てるイメージが湧かないですね。全部の攻撃が必殺技というのは強いです。

吸って吐く「火の呼吸」。

vs 裕樹

これ『鬼滅の刃』ではなくて、ヨガの呼吸なんですよね。いろんな自分が良いと思ったものを取り入れていくスタイルなので。

フィジカルトレーナーの永末ニック貴之さんから教えてもらった呼吸法で、速いペースで吸って吐いてを繰り返すのが「火の呼吸」です。

10分間くらい「火の呼吸」をやると身体が楽になりますよ。息が吸いやすくなるのもあるし、肺が動きやすくなるというか。スタミナ的にも上がりますね。

練習したことが出たというか、出るまで練習したんで。

vs 裕樹

やっぱり人って何かをすぐには覚えられないんですよ。

何か新しく技を覚えようとする時は、最初はもちろん教わったように意識して動くことになります。ただ、秒単位で動かないといけない試合では、意識しないと技が出せない状態だと、考えているうちにやられてしまいますよね。

無意識に技が出せるようになるまではとにかく意識して反復練習すること。それでやっと試合でも自然と技が出せるようになりますし、それが練習だと僕は思います。

自分の頭で理解してからでないとできない。

vs 裕樹

©RISE

何かを教わる時に、教わる人から「こうやれ」って言われて何も考えずにやる人っているじゃないですか。それだとただの作業になっちゃうので、もったいないと思いますよ。

どうしてそうしろと言われたのか、それにどういう意味があるのかとか、自分の頭で理解してやらないと身につかないので。

知識や情報は手に入れやすくなりましたし、言われたとおりにやっていればそれで上手くいく時代は終わったんじゃないですかね。

技術を得るためにどれだけの時間を費やしてきたのか。

vs 裕樹

僕は「できた」の基準が大事だと思っています。

例えば、ミットでできた、シャドーでできた。それってできたのうちに入らないんですよ。スパーリングや実戦の中で出せないと、やっぱりできてないってことなので。

それができるようになるために、ひとつの技術を何カ月もかけて身につけていく。だから、強くなるには時間は相当かかりますよね。

環境が良いから強くなるわけではない。

©RISE

環境が良いに越したことはないですけど、それで強くなった気でいる人もいますから。

例えば、トレーナーや練習パートナーがいないなら、環境は悪いじゃないですか。でも、ひとりでも最大限やれることはあるし、自分で考えて死ぬ気でやれば強くなれる。

自分の頭で考えながらやらないと、環境だけでは強くなれないと思いますね。

カウンターを
気を付けてても
僕は当てる
練習をしてるんで。

vs 裕樹

いくら過去の映像を見て研究されても、正直、相手はいまの僕と向かい合ってるわけではないじゃないですか。どれだけ頭で予想をしても、現在の僕とは違うので。

だから、例えばカウンターの左ストレートを警戒されたとしても、普通に当てることはできるなと思いますね。

もし仮にそれがなかなか当たらなかったとしても、それなら他の技で攻めますし、相手が何を警戒しているとかは、特に意識はしないです。

動くためのスタミナも必要だし
考える頭のスタミナも必要。

vs 志朗（2）

©RISE

動くためのスタミナが必要なのは誰もがわかると思うんですけど、見落としがちなのが考えるスタミナ。

強くなるためには常に考えたり判断したり気づいたりしないといけなくて、頭のスタミナが必要になってきます。

格闘技は答えが1個じゃないので、常に物事を本気で考えたりいろんな視点で見たりすると、頭のスタミナも鍛えられますね。

父親が時間を
かけて育てて
くれたからこそ、
今がある。

vs 志朗（2）

©RISE

格闘技の基礎を一緒につくってくれたのが父親なので、感謝しかないですよね。格闘技に限らず、基礎は本当に大事なので。

もちろんそこから自分で応用していった部分はありますけど、そもそも格闘技と出会わせてくれたのも父親ですから。

何歳になってもその感謝は忘れてはダメだと思います。

vs 志朗（2）

ひとりじゃ何もできないは言い過ぎとしても、どう頑張ってもひとりでできないことは多いですよね。

そういうことも団結して協力すればできないことはないなと思うので。

例えば試合もそう。団体の関係者やチームのみんな、お客さんやファンの方、そして対戦相手と大勢の人がいてくれて初めてできることです。いつも本当に感謝しています。

ひとりじゃ
何もできないかも
しれないけど、
ひとつになれば
何でもできる。

一度も相手を選んだことはない。

vs 志朗（2）

僕はこれまで対戦相手を選んだことがなくて、そこがブレてしまったら、僕の中では格闘家じゃなくなってしまうのかなと思いますよね。同じ階級でやっていてお互い強い相手とやりたくて、なんで選んで避ける必要があるのかなっていう。

例えば、マッチメイカーに海外の選手を5名くらい候補として出されたら、その中で一番強い選手にしてもらったりとか。

強い相手に立ち向かっていくのが格闘家。いまの立場でも、強い相手と戦いたいというのは常にあります。

世界でビッグカードが組まれているのに、なんで日本では組まれないんだと思う。

vs 志朗（2）

ドリームマッチ、なかなか日本では組まれないですよね。日本は義理堅いというか、お金じゃない部分も大きいじゃないですか。選手を守るというのもあるし、自分の団体のほうがすごいというか、俺らの世界でやるよっていう価値観があるというか。

海外はビッグマネーを生めるカードをどんどんやるのが当たり前なので、その文化の違いもありますよね。

そこが目指すところのメインではないのかなとは思いますけど、海外で大きな試合はやってみたいです。

ローを
効かされたことが
ないので
わからない。

vs 志朗（2）

試合の解説をしていると「ローが効いたな」というシーンはけっこうありますね。ただ、いまだに自分自身は試合中にローを効かされたことはないです。

練習で打たれ稽古をして、めちゃくちゃ蹴ってもらって効くとかはあることを考えると、たくさんもらって、なおかつ連打されたら試合中でも効いてしまうとは思うんですけど、技術でそうさせないようにしてるので。

あとから蹴られた箇所が痛いなと感じることはありますが、試合中は感じないですね。

狙うところが一つになってしまうと、相手も耐えることができる。

vs 志朗（2）

一箇所にこだわると、相手も狙われているところがわかるので意識がいく。だから耐えることができるんです。

フェイントもそうですけど、多彩な攻撃で意識を散らせば、意識外の攻撃で効かせられるチャンスが増えます。

「いまからこれやるよ」って教えられたら、さすがに誰でも準備できますよね。

究極は
負けないために
どう戦うか。

vs 志朗（2）

倒して勝ちたい、圧倒的な勝ち方をしたいというのはありますけど、レベルが上がれば上がるほど相手も戦略を練ってくるし研究をしてくるので、絶対に負けないという前提がそこにはありますよね。

いくら良い勝負をしたとしても、格闘技は負けたら失うものが大きい。評価が落ちて次にもつながらないですし、発言権すらないと僕は思っています。

もちろんプロである以上、面白い試合をしないといけないですが、究極は負けないためにどう戦うかに尽きます。

「立ってただけで
すげえ」
みたいなのは
違うと思う。

vs 志朗（2）

©RISE

格闘技は勝ち負けを競う競技で、倒されないことを競っているわけではないですよね。

だから、KOされなかったことが評価されるのは、ちょっと違うというか、格闘技の本質的な部分がおかしくなってしまうんじゃないのかな、と。

「あの選手にKOされなかったのはすごい」みたいに言うファンの方はけっこういますけど、それを言われて一番悲しむのは、その格上の相手に勝つ気で挑んだ選手ですから。

前に出るだけが格闘技じゃない。下がるのも技術。

格闘技って前に出て打ち合うだけがすべてじゃないんですよ。前に出ているほうが強く見えるかもしれないですけど、下がりながら攻撃するというのも、勝つための手段のひとつなので。

バックステップだったり誘いだったり、技術を使ってディフェンスしながら距離を保って攻撃を当てていけば、ポイントでも上回れるしカウンターも狙える。

前に出ることも下がることもできたほうが、選択肢は多彩になりますよね。

vs 志朗（2）

公開練習

そもそも、ジャイアントキリングはなぜ起こるのか。

多少の気の緩みがあったとか、怪我が重なって不調な時に相手が絶好調だったとか、そういう時にジャイアントキリングは起こりやすいですよね。

だけど、試合が決まった以上、どんな条件であれ勝たないといけないので、僕は怪我があろうが体調が悪かろうが、絶対にジャイアントキリングをさせる気はないです。

ジャイアントキリングが格闘技で多く起こっているけど、そういうことはさせない。

負けても次があるなんて思わないほうが良い。

公開練習

次はあるんですよ、正直。あるんですけど、次もあるよねと思いながらやってしまうと、怠けてしまうし良くないですよね。

次なんてなくて、これにすべて懸けてるんだくらいの気で戦わないと、結果はついてこないんじゃないかと思います。

例え負けてしまったとしても、そういう気持ちで戦っていた選手ならまわりがその覚悟を評価しますし、次は結果が出せるようにサポートしてくれるはずです。

悔しい負けを
プラスにするのか、
マイナスにするのか
すべては自分次第。

公開練習

格闘技は、負けたとしたらそれがいまの実力です。試合で思うように動けなかったり、技術の足りない部分を思い知ったり、経験をすることは大事なんですけど、それをいつまでも引きずってしまうのは良くないな、と。

ああすれば良かったとずっと後悔するよりは、発想の転換じゃないですけど、次は絶対そうさせないと前を向くだけで、全然違うと思うんですよ。

過去は変えられないけど未来は変えられるので、そうしたほうが人生も楽しいと思いますね。

格闘技の「あと一歩で勝てた」ってだいぶ遠い気がする。

vs 鈴木真彦

実力差が大きい場合は別として、高いレベルの試合、例えばタイトルマッチとかは選手同士の実力が拮抗していることが多いですよね。実力が近いということは、お互いに勝敗がひとつの油断や攻防でひっくり返る、ギリギリのところで戦うわけです。

だからこそ、負けても「あと一歩だった」「次は勝てるんじゃないか」と感じる人が多いのかもしれません。

試合のレベルが高ければ高いほど、そのあと一歩が本当に大きな差だと僕は思いますね。

試合中は、楽しいと思ったことは一回もない。

vs 鈴木真彦

終わってみて楽しかったなと思う時はありますけど、試合中は全く楽しいみたいな感情はないです。

僕自身もどういう感情なのかと聞かれてもうまく説明できないですけど、近いのは無ですかね。

殺るか殺られるかで、下手したら殺される。そういう感じです。

試合が、作品みたいになっている。

vs 鈴木真彦

人前に出て演じたりとか、興奮を生んだりとか、僕はそれをアートだと思っています。格闘家も職人というか、何かを表現するアーティストという見方もできる。

だから僕は、自分もアーティストに入ると思っています。

試合のレベルが高ければ高いほど、熱を生めれば生めるほど、たくさんの人に見てもらえますし、いい作品になりますよね。

人に何かを伝えられるような試合をしたい。

vs 鈴木真彦

ファンの方に見てもらうことで格闘家は成り立っているので、僕の試合を観て何かを感じ取ってくれたとしたら、本当に嬉しいです。

「こいつも頑張ってるから、俺も頑張るか」とか「こいつの試合、面白いな」とか、何かのきっかけや、人生のちょっとしたスパイスになってくれたらと思いますね。

まだ自分に納得できた試合はできていない。

vs 鈴木真彦

格闘技に限らないですが、どんなにいい試合をしたとしても、絶対に課題って見つかるんですよ。

だから、試合で自分に納得することは今後もないですね。

課題が見つかるということは、成長の余地があるということでもあります。試合に満足してしまったら、そこで成長は終わりですよ。

大晦日＝那須川天心と思っている。

vs 鈴木真彦

大晦日のRIZINに那須川天心が出てないと締まらないと言ってくれる人も増えてきて、自分でもそう思ってます。

日本の格闘技では1年の集大成ですし、大晦日にいるかいないかでは、やっぱり変わるはずなので。

僕もRIZINで12月29日と31日に2連戦をやった時は、絶対に大晦日に出て名前を残してやるという気持ちでやりましたから。人生、やっぱり無理しないといけない時ってありますよね。

最後は持っている方が勝つ。

vs 鈴木真彦

実力もそうですけど、運を持っているか持ってないかって大事だと思うんですよ。

運については、僕の考えでは、ただのまぐれというのはない。運は自分でつけられると思っているので。

運を動かすで運動ですから練習量でも貯まり方が変わってきますし、プラス思考とか発想ひとつでも寄ってくる確率が変わってきますよね。そういう人が、最後には勝つのかなと。

逆に、人の悪口や陰口をずっと言ってたら、運なんて寄ってこないです。

vs 鈴木真彦

誰からもこいつすごいな、面白いなと思ってもらえる人にならなきゃなと思いますし、正直、強いから何なのっていうところがあります。

強いからって別に偉いわけじゃないし、すごいわけでもないので。

格闘家なので強さを追い求めるのはもちろんですけど、誰かに憧れてもらえるとしたら人間的な部分なのだと思いますね。

格闘家として
子供たちに
憧れてもらえる
存在でなければ
ならない。

僕は間もなくキックボクシングを引退し、ボクシングに挑戦します。

幼少期から膨大な時間をかけて技術を培ってきた蹴りを封印する。この選択が正しかったかというのは未知数で、正直まだわかりません。ただ、人生1回しかないですし、やりたいことをやりきるには、実は時間もそんなにないと僕は思っています。やりたいことを最大限にやるために、僕はこれからも挑戦し続けます。

新しいことに挑戦すると、成功・失敗にかかわらず、たくさんの楽しさや気づきがあります。それがちょっとしたことでも、挑戦はいつも僕の人生を豊かにしてくれました。みなさんにとってもそうだったと思います。

この本が、みなさんが何か新しいことに挑戦するきっかけになったとしたら、僕も嬉しいです。

2021年11月　那須川天心

WORKS
reversal
reversal dog design works

那須川天心
TENSHIN NASUKAWA

1998年、千葉県生まれ。幼少期より極真空手で活躍し、小学5年生でジュニア世界大会優勝。キックボクシングに転向し、アマチュア戦績は105戦99勝5敗1分。2014年7月、RISEでバンタム級ランカーを58秒KOで下しプロデビュー。2015年5月、史上最年少の16歳でRISEバンタム級王座を獲得。同年8月、各団体の王者が結集したBLADEの-55kgトーナメントを3連続KOで制覇。数々の大会やトーナメントで勝利し、19歳で初代RISEフェザー級世界王者となる。その後もRIZINのMMA挑戦を含めて勝利を重ね、2021年4月、キックボクシングを2022年3月で引退し、ボクシングに転向することを発表した。バラエティ番組や登録者数70万人を突破したYouTubeでも活動中。入場曲は矢沢永吉「止まらないHa～Ha」。キックボクシング：40戦40勝、MMA：4戦4勝、ミックスルール：1戦1勝（2021年11月現在）。

天心語録

TENSHIN NASUKAWA
COLLECTION OF FAMOUS QUOTES

2021年12月10日　初版発行

著者　那須川天心

企画協力　TARGET/Cygames

装幀　山田益弘
撮影　尾鷲陽介（試合写真除く）
ヘアメイク　緒方加代子（試合写真除く）
写真提供　RISE（試合写真）

販売部　五十嵐健司
編集人　鈴木収春
発行人　石山健三
発 行 所　クラーケンラボ
〒101-0064
東京都千代田区神田猿楽町2-1-14 A&Xビル4F
TEL：03-5259-5376
URL：http://krakenbooks.net
E-MAIL：info@krakenbooks.net

印刷・製本　中央精版印刷株式会社

ISBN 978-4-910315-07-2